CREEDENCE CLEARWATER REVIVAL

GREATEST HITS

Cover Photo: Jim Marshall

ISBN 1-4234-0953-1

HAL•LEONARD®
CORPORATION

7777 W. BLUEMOUND RD. P.O. BOX 13819 MILWAUKEE, WI 53213

CONTENTS

4   BAD MOON RISING

6   BORN ON THE BAYOU

10 COMMOTION

18 DOWN ON THE CORNER

21 FORTUNATE SON

26 GREEN RIVER

36 HAVE YOU EVER SEEN THE RAIN?

40 HEY, TONIGHT

46 I HEARD IT THROUGH THE GRAPEVINE

50 I PUT A SPELL ON YOU

54 KEEP ON CHOOGLIN'

31 LODI

56 LONG AS I CAN SEE THE LIGHT

61 LOOKIN' OUT MY BACK DOOR

64 PROUD MARY

74 RUN THROUGH THE JUNGLE

69 SUSIE-Q

76 TRAVELIN' BAND

79 UP AROUND THE BEND

82 WHO'LL STOP THE RAIN

BAD MOON RISING

Words and Music by
JOHN FOGERTY

BORN ON THE BAYOU

Words and Music by
JOHN FOGERTY

Now, when I was just ___ a lit - tle boy, ___

stand - in' to my dad - dy's knee, ___ my pa - pa said, "Son, don't let ___

___ the man get you and do ___ what he done to me. 'Cause he'll

get you,
'cause he'll get you now, now."

I can re - mem - ber the fourth
Wish I was back on the bay -

of Ju - ly,
- ou, roll - in' with some Ca - jun

run - nin' through the back - wood bare.
Queen.

And I can still hear my old hound
Wish - in' I were a fast

COMMOTION

Words and Music by
JOHN FOGERTY

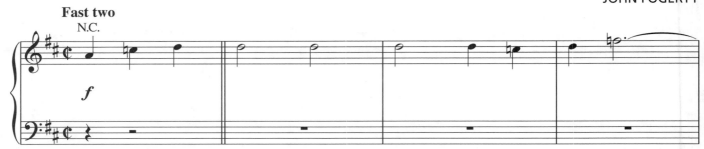

Traf - fic in the cit - y turns __ my
Hur - ry - ing to get there so __ you

head a - round. No, no,
save some time. Run, run,

no, no, __ no.
run, run, __ run.

Backed up on the free - way, backed up in the church; __
Rush - ing to the tread - mill, rush - ing to get home; __

__ Ev - 'ry - where you look, there's a
__ wor - ry 'bout the time you __

frown, __ frown. __ }
save, __ save. __ }

Com, __ com - mo - tion;

git, git, git, gone. __ Com, __ com -

jaw,   jaw,   jaw.

Talk up in the White House, talk up to your door;

So much go - ing on, I just can't

hear. Com, com - mo - tion;

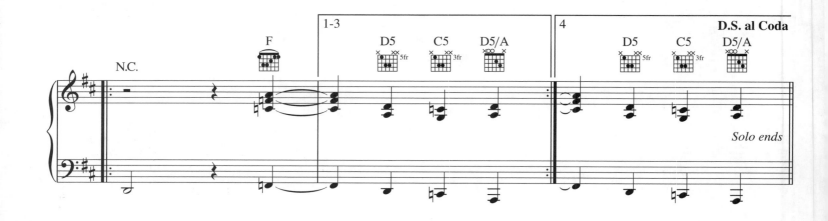

CODA

git,   gone.   Com,   com - mo - tion;

DOWN ON THE CORNER

Words and Music by
JOHN FOGERTY

Brightly, in 2

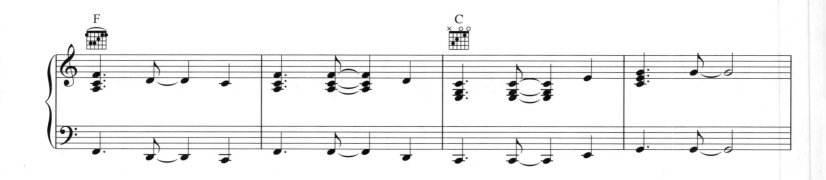

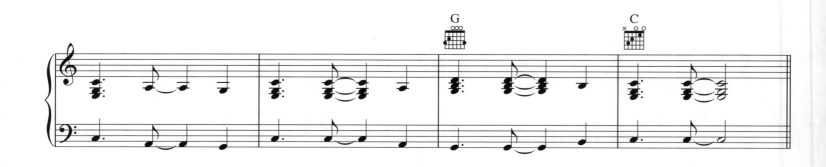

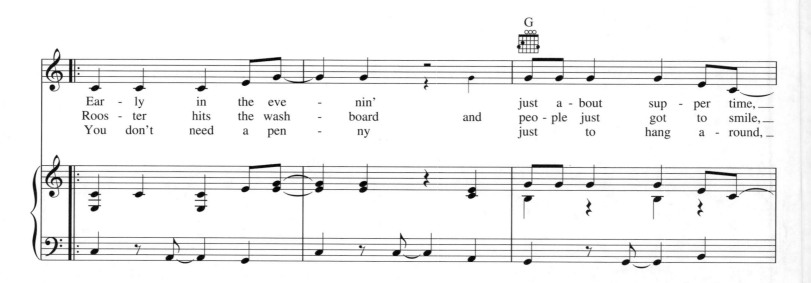

Ear - ly in the eve - nin' just a - bout sup - per time, ___
Roos - ter hits the wash - board and peo - ple just got to smile, ___
You don't need a pen - ny just to hang a - round, ___

FORTUNATE SON

Words and Music by
JOHN FOGERTY

*Recorded a half step lower.
**Vocal sung as written.

GREEN RIVER

Words and Music by
JOHN FOGERTY

Moderate Rock

Well,   take me back down where cool

wa- ter flows,   y'all.   Oh,

let me re - mem - ber things___ I don't___ know:___

stop - ping at the log where cat - fish bite, ___

walk - ing a - long___ the riv - er road at night,___ bare - foot girls___ danc -

- ing in the moon - light.___

I can hear the bull - frog call - ing me, ___ oh.
up at Co - dy's camp, I spent my days, ___ oh,

Won - d'rin' if my rope's still hang - in' to the tree. ___
with flat car ___ rid - ers and cross - tie ___ walk - ers.

Love to kick my feet 'way down ___
Old ___ Co - dy Jun - ior took ___

C

___ the shal - low wa - ter.
___ me o - ver;

Shoo fly, drag - on - fly, get ___
said, "You're gon - na find ___ the world ___

LODI

Words and Music by
JOHN FOGERTY

HAVE YOU EVER SEEN THE RAIN?

Words and Music by
JOHN FOGERTY

Some-one told me long a-go there's a calm be-fore the storm. I know; and it's been com-in' for some-time.

HEY, TONIGHT

Words and Music by
JOHN FOGERTY

Driving Rock

Hey, to - night; gon - na be to - night. Don't you know I'm fly - in' to - night,

raft - ers; watch me now.

Jo - dy's gon - na get re - li - gion all night

long. Hey, c' - mon; gon - na hear the song to - night,

to - night.

Gon - na get it to the

Don't you know _ I'm fly - in' _ to - night, _____

to - night. _____ To -

night, _____ to - night. _____

Repeat and Fade   **Optional Ending**

I HEARD IT THROUGH THE GRAPEVINE

Words and Music by NORMAN J. WHITFIELD
and BARRETT STRONG

Medium Rock

Ooh, ___ bet you're won-d'ring how I knew 'bout your plans

to make me blue with some oth-er guy ___ that you knew be-fore?

Be-tween the two of us guys; ___ you know I love you more. It took me by sur-

I PUT A SPELL ON YOU

Words and Music by
JAY HAWKINS

52

KEEP ON CHOOGLIN'

Words and Music by
JOHN FOGERTY

Moderately

Keep on choog - lin', keep on choog - lin', keep on choog -

- lin', choog - lin', choog - lin'.

1. May-be you don't __ un-der-stand __ it. But if you're a nat - ur - al man,

2., 3. *(See additional lyrics)*

Additional Lyrics

2. Here comes Mary lookin' for Harry,
   She gonna choogle tonight.
   Here comes Louie, works in the sewer,
   He gonna choogle tonight.

3. If you can choose it, who can refuse it,
   You gotta choogle tonight.
   Go on, take your pick, right from the git go,
   Y'all be chooglin' tonight.

LONG AS I CAN SEE THE LIGHT

Words and Music by
JOHN FOGERTY

1., 4. Put a can-
2. Pack my bag
3. *Instrumental solo*

-dle in the win - dow;
and let's get mov - in',

Recorded a half step higher.

I won't_____ be los-in' my way, no, no,

long as I_____ can see the light._____

Yeah!

Yeah!

LOOKIN' OUT MY BACK DOOR

Words and Music by
JOHN FOGERTY

PROUD MARY

Words and Music by
JOHN FOGERTY

Left a good job __ in the cit - y,   work - in' for the man __ ev - 'ry
Cleaned a lot of plates __ in Mem - phis,   pumped a lot of 'pane __ down in
If you come down to the riv - er,   bet you gon - na find __ some __

night and day. __   And I nev - er lost __ one min - ute of sleep - in',
New Or - leans. __   But I nev - er saw __ the good __ side of the cit - y
peo - ple who live.   You don't have to wor - ry __ 'cause __ you have no mon - ey.

Roll - in', roll -

- in', roll - in' on the riv - er. _____

D.S. al Coda

SUSIE-Q

Words and Music by DALE HAWKINS,
STAN LEWIS and ELEANOR BROADWATER

Oh, _____ Su - sie Q, _____ ba - by, I love _____ you, _____
Well, say that you'll be true _____ and nev - er leave me _____ blue,

_____ Su - sie Q. _____ I like the way you walk. _____
_____ Su - sie Q. _____ Well, say that you'll be mine. _____

I like the way you talk. _____
Well, say that you'll be mine. _____

I like the way you walk, _____ I like the way you talk, _____
Well, say that you'll be mine, _____ ba - by, all the time, _____

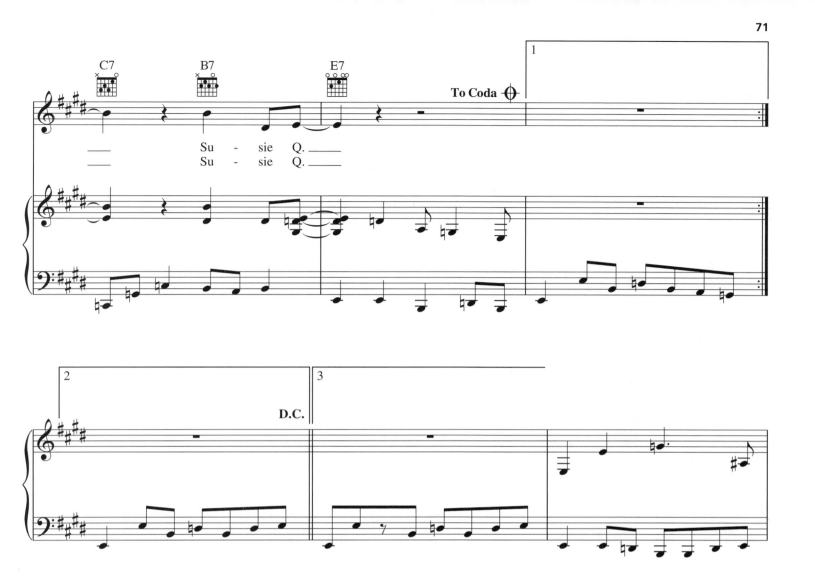

Su - sie Q. _____
Su - sie Q. _____

N.C.

D.C. al Coda

CODA

Oh, Su - sie Q. _____

Oh, Su - sie Q. ____ Oh, Su - sie Q, ____

____ mm, ba - by, I love you, ____ Su - sie Q. ____

Instrumental solo

Repeat and Fade

Optional Ending

rit.

RUN THROUGH THE JUNGLE

Words and Music by
JOHN FOGERTY

TRAVELIN' BAND

Words and Music by
JOHN FOGERTY

UP AROUND THE BEND

Words and Music by
JOHN FOGERTY

WHO'LL STOP THE RAIN

Words and Music by
JOHN FOGERTY

Long as I ___ re-mem - ber, the rain ___ been com - in' down, ___
I went down ___ Vir - gin - ia, seek-ing shel - ter from the storm. ___
Heard the sing - ers play - ing; how ___ we cheered for more. ___ The

Play 1st time only

clouds of mys - t'ry pour - in' con-

Play 2nd and 3rd times only

Caught up in ___ the fa - ble, I
crowd had rushed ___ to - geth - er,

who'll   stop   the   rain?_____